中国百年影像档案

1909

京张铁路 上

【清】詹天佑 【清】谭景棠 摄 孙健三 编著

浙江摄影出版社
全国百佳图书出版单位

责任编辑：方　妍　王嘉文
装帧设计：巢倩慧
责任校对：高余朵　段凤娇
责任印制：汪立峰

本著作系 北京电影学院 北京电影学院科研成果

图书在版编目（ＣＩＰ）数据

1909 ：京张铁路. 上 ／（清）詹天佑，（清）谭景棠
摄 ；孙健三编著. -- 杭州 ：浙江摄影出版社，2022.10
（中国百年影像档案）
ISBN 978-7-5514-3779-0

Ⅰ. ①1… Ⅱ. ①詹… ②谭… ③孙… Ⅲ. ①铁路线
路－史料－华北地区－图集 Ⅳ. ①F532.7-64

中国版本图书馆CIP数据核字(2022)第066124号

ZHONGGUO BAINIAN YINGXIANG DANG'AN
中国百年影像档案

1909: JINGZHANGTIELU
1909：京张铁路

【清】詹天佑
【清】谭景棠　摄
孙健三　编著

全国百佳图书出版单位
浙江摄影出版社出版发行
　　　地址：杭州市体育场路347号
　　　邮编：310006
　　　电话：0571-85151082
　　　网址：www.photo.zjcb.com
制版：杭州真凯文化艺术有限公司
印刷：浙江影天印业有限公司
开本：889mm×1194mm 1/12
印张：30
2022年10月第1版　2022年10月第1次印刷
ISBN 978-7-5514-3779-0
定价：498.00元

目 录

图版及解说文字

■ 1. 京张铁路总办、总工程师詹天佑

詹天佑，英文名Jeme Tien Yow，字眷诚，号达朝。祖籍徽州婺源（今江西省上饶市婺源县），清咸丰十一年（1861）4月26日诞生于广东省广州府南海县（今广东省佛山市南海区）。1919年4月24日，因心力衰竭逝世，终年58岁，墓园坐落在京张铁路青龙桥火车站。

清同治十一年（1872），詹天佑成为首批在陈兰彬、容闳的带领下赴美留学的30名幼童中的一员。清光绪七年（1881），詹天佑毕业于耶鲁大学土木工程系。回国后，在福建海军服役，参加了中法马尾之战。他曾任教于福州船政局、广东博学馆、广东水陆师学堂。

清光绪十四年（1888），詹天佑任中国铁路公司帮工程司（清代的职位名，基本相当于现在的助理工程师），参与修筑津沽及关内外等铁路工程。清光绪三十一年（1905），以会办（总办的副职）兼总工程司（基本相当于现在的总工程师）的身份主持修建京（北京）张（张家口）铁路，至清宣统元年（1909）竣工，该铁路是中国第一条自建干线铁路。这期间，成功修筑了"人"字形铁路，并发明了竖井开凿法，成果令中外瞩目，整个工程为国家培养了大批铁路建筑与运营管理的人才。

在筹划与修建沪嘉、洛潼、津卢、锦州、萍醴、新易、潮汕、粤汉等铁路的过程中，他亦成绩斐然。为嘉奖他，清廷钦赐其为工科进士第一名。詹天佑还曾先后担任英国土木工程师学会和美国工程师学会会员，广东中华工程师会、中华工学会、中华工程师会的会长或名誉会长。

1913年，任交通部技监，驻汉口专办路事。次年，任汉粤川铁路督办。1917年，任交通部铁路技术委员会会长，主持拟订国有铁路的标准。1919年，受命代表我国出席国际联合监管远东铁路会议，后因病重请假就医。

因为詹天佑是本书的主角，为了让诸位在观赏本书全部照片的过程中，能对本书的主人翁多一些理解，下文特意整理了詹天佑的简略年谱，以飨读者。

留洋海外

清同治元年（1862）至清同治十年（1871），幼年的詹天佑就学于私塾。

清同治十一年（1872），容闳条陈清政府选派幼童留洋，以求引进西学、革新社会。获准后，其赴香港招考幼童120名。詹天佑的父母詹兴洪夫妇经挚友富商谭伯邨劝说，决定送子报考。获得出洋资格后，詹天佑随容闳由香港到上海，入上海出洋局预备班，由陈兰彬教习汉文，容闳教习英文。该年，詹天佑与蔡绍基、梁敦彦等首批30名幼童赴美。

清同治十二年（1873），詹天佑入美国康涅狄格州威士哈芬小学，寄宿于校长L. H. Northrop家中。

清同治十三年（1874），中国留学生事务所在美国哈德福城的柯林斯街建成供教师及学生住宿的楼房，督责学生学习汉文甚严。詹天佑继续在威士哈芬小学求学。

清光绪三年（1877），詹天佑在纽哈芬的希尔豪斯中学求学。

清光绪四年（1878），詹天佑从纽哈芬的希尔豪斯中学毕业，以全校第二名的成绩考入耶鲁大学谢菲尔德理工学院土木工程系修习铁路工程专业。

清光绪五年（1879），因学习成绩优异，获耶鲁大学数学第一名奖学金。

清光绪六年（1880），再次获耶鲁大学数学奖学金。

回国后任教

　　清光绪七年（1881），詹天佑成为耶鲁大学优秀生联谊会会员，并于当年从耶鲁大学毕业（当时耶鲁大学的修业期限为3年），他的毕业论文为《码头起重机研究》。因为清政府下令提前撤退留美学生，尽管还有3年的实习研究未完成，他也只能先回国。回国后，他被派往福州船政局后学堂学习驾驶海军舰船，因成绩优异，得五品军功。

　　清光绪八年（1882），毕业于福州船政局后学堂，获得一等第一名。后被派往扬武号兵舰操练，任实习船员。

　　清光绪九年（1883），以实习船员的身份继续在扬武号兵舰历练。

　　清光绪十年（1884）2月至10月，任福州船政局后学堂教习。因教导出色，获得清政府授予的五品顶戴。10月，应张之洞邀请回粤，在广州黄埔的广东博学馆任外文教习。

　　清光绪十二年（1886），继续在广东博学馆任教并修筑沿海炮台，测绘展现广东沿海全貌的我国第一幅现代海图。

　　清光绪十三年（1887），继续在广东博学馆（这一年张之洞在原址上创办了广东水陆师学堂）任职，与谭伯邨之女谭菊珍结婚。

发挥所学投身修筑铁路事业

清光绪十四年（1888），由开平矿务局留美同学邝孙谋介绍，到天津中国铁路公司任帮工程司，参与塘沽到天津的铁路铺轨工程。

清光绪十五年（1889）至清光绪十六年（1890），继续任中国铁路公司帮工程司，修筑唐山至古冶的铁路。

清光绪十七年（1891）至清光绪十八年（1892），修建古冶至山海关的铁路。

清光绪十九年（1893），修建古冶至山海关段最艰巨的工程——滦河铁桥。

清光绪二十年（1894），在修建滦河铁桥桥墩的基础时，首次在我国铁路桥梁建造中使用压气沉箱法并获得成功，解决了英国工程师未能解决的因滦河洪水季节水流冲毁桩子而形成的施工困难的问题，获得了中外工程界的关注。此桥共17孔，全长670.6米，为我国当时最长的铁路桥。古冶至山海关铁路建成通车。关外铁路开工，修至中后所（绥中）时，因中日战争而停工。入选英国土木工程师学会，为中国工程师入此会之始。

清光绪二十一年（1895）至清光绪二十二年（1896），任北洋官铁路局帮工程司，率队测量、修建津卢铁路。

清光绪二十四年（1898），任官办关内外铁路（即京奉铁路）总局帮工程司、锦州铁路驻段工程司，自中后所向东修建关外铁路。同时，推广使用压气沉箱法修筑女儿河铁路大桥等桥梁。

清光绪二十五年（1899），任锦州铁路驻段工程司，关外铁路（即京奉铁路的关外部分）通车到锦州。主持修建沟帮子至营口的铁路支线。

清光绪二十六年（1900），建成营口支线，正线长约73千米。帮办关外铁路事宜。

清光绪二十七年（1901），关外铁路停工，被派往萍醴铁路办理修建事宜，坚持在此路上采用标准轨距。

清光绪二十八年（1902），被派参加自俄国手中接收关外铁路，主持修复工程，铁路迅速通车。又任新易铁路总工程司，该铁路于是年12月开工，冬季施工。

清光绪二十九年（1903）4月，长43千米的新易铁路通车，较原计划提前两个月建成。父病逝，返粤奔父丧。在粤时，勘测长39千米的潮州至汕头的潮汕铁路，后因此铁路修建权操于日人之手，毅然离去。

清光绪三十年（1904），回职途中经过上海时，被中国铁路总公司聘为工程顾问。

清光绪三十一年（1905），被派调查道清铁路。任官办京张铁路总工程司兼会办。5月，率工程学员徐文、张鸿鹄测量从丰台到张家口的路线的距离，6月返回，提交调查报告并提出修建办法，10月开工。从关内外、江苏等铁路延请留美工程师邝孙谋、颜德庆，1893年毕业于首届天津北洋武备学堂铁路工程班的陈西林、翟兆麟、沈琪、柴俊畴、俞人凤和当时就读于山海关铁路学堂的工程学员等多人修建京张铁路。向商部提出了说帖，建议全国铁路使用4英尺8英寸半（约1.435米）的标准轨距以统一工程标准，并在京张铁路上推广使用郑氏（Janney，为避免引发该车钩为詹天佑创造的误会，故未使用当时国内通称"詹尼"之译名）自动车钩。与邝孙谋等被派为我国出席在美国召开的第七次万国会议的代表，因工作太忙，未能赴会。入选上海欧洲皇家工程师建筑师学会。

清光绪三十二年（1906），京张铁路首段，即丰台柳村至南口段建成通车，并开始运输。南口至岔道城及岔道城至张家口两段加紧修建。受商办广东粤汉铁路之邀请返粤主持此路之修建，因京张铁路工作紧张，未成行，由邝孙谋代往任总工程司。专门致书美国友人，了解适合在大坡道上行驶的机车的类型，以解决京张铁路关沟段牵引动力不足的问题。在与美国友人威利的信中称，中国正在进行代价很高的试验，以进行革新。任学部考试回国留学生襄试官。任江苏铁路工程顾问。

清光绪三十三年（1907），升任京张铁路总办兼总工程司。任邮传部路务议员。京张铁路重点工程八达岭隧道开工。受河南省主事者之邀请前往视察京汉铁路黄河大桥之修建。

清光绪三十四年（1908），京张铁路上长1091米的八达岭隧道、长367米的居庸关隧道完工。在开凿过程中，首次使用爆炸力强但较安全之拉克洛炸药。有7个桥孔，全长213.36米的怀来河大桥竣工。在沿线各桥桥墩的混凝土中掺加坚硬片石，以节省水泥。京门（北京至门头沟）支线（长25千米）建成，有利于解决机车用煤问题。因筹划京张铁路功著，被派任邮传部二等顾问官，加二品衔。札调邮传部参议厅行走，到部赴任，仍兼京张铁路总办总工程司。任津浦铁路参议。由于山东省主事者恐在黄河上建桥阻塞河道致生灾害，12月末，受清政府指派，去济南审定黄河大桥的设计方案。因商办川汉铁路首段宜昌至万县间险峻异常，应川、鄂两省人士吁请主持此路之修建工程，川督遂奏请清政府派任其为川路总工程司。因京张铁路未修完，经商定，先派副手往宜昌筹办。

清宣统元年（1909）1月，发表关于济南黄河大桥工程的调查报告。被派赴沪嘉铁路验收，予以该路"工坚料实，建筑合度"的评价，5月举行开车典礼。京张铁路建成通车，7月4日铺轨至张家口；9月19日邮传部验收全线，举行茶会；9月24日全线开行列车；10月2日在南口举行盛大的通车典礼。京张铁路全长共计201.2千米，提前两年建成，质量良好，节约经费约29万银两，修建成本为全国同级铁路中最低的。被邮传部候补为丞参，继续筹划并建造张家口至绥远的张绥铁路。被派任商办川汉铁路总工程司兼会办，详细安排勘测修建工作。川汉铁路于12月10日在宜昌举行开工典礼，中外来宾前来参观者众，皆惊为奇事。任商办洛阳至潼关长达230余千米的洛潼铁路的工程顾问，实地勘定长达50千米的自观音堂经硖石、张茅至陕州一带的入陕必经之山区线路，并制订分三大段的修建全路之规划。被选为美国土木工程师学会会员、英国皇家工商技艺学会会员、英国北方科学与文艺学会会员。

清宣统二年（1910），商办川汉铁路由国人自力修建，在宜昌开工。在修建宜昌至万县之首段工程时，坚持采用沿江线方案，惜未被当政者采纳，不得不按内陆山区线标准开工。元月，被授予工科进士第一名。当选商办广东粤汉铁路总公司总理，并自兼总工程司。任学部一等谘议官和考试回国留学生主试官。与考生谈话称，自国外学了些知识回来，就要为国家做些贡献，要做事，不要只当官。与邝孙谋等作为我国代表被派往瑞士出席第八次万国铁路会议，因工作太忙，未能赴会。

清宣统三年（1911），京张铁路与张绥铁路合称"京张张绥铁路"，成立工程总局，并设立张绥工程处。赴广州就任粤汉铁路总理，并自兼总工程司。邝孙谋离粤北上，任京张张绥铁路总工程司。广州至黎洞间铁路通车（长约106千米）。5月，清政府将商办铁路强行收归国有，川汉铁路被迫停工。6月，粤汉铁路公司致电川路公司称保路机关所已成立，请协力保路。辛亥革命爆发时，在广州领导商办粤汉铁路总公司全体人员坚守岗位，制止其离散，以保证列车的照常运行。

投身民国以后工程

1912年5月，詹天佑在广东商办粤汉铁路总公司迎接孙中山先生的视察。7月，任粤汉铁路会办。12月，任汉粤川铁路会办，被授予三等嘉禾勋章。在广州创立广东中华工程师会，被选为首任会长。当时，国外工程界正在研究如何发展单轨铁路，在广州演说时向国内大众介绍了这一情况。被选为英国混凝土学会会员，任中华全国铁路协会评议员。年内，长120千米的广州至连江口的铁路通车。

1913年6月18日，任交通部技监，主持全国交通技术工作，仍兼汉粤川铁路会办。驳斥广宜线德籍总工程师雷诺贬低并排斥中国工程师之言论，维护了我国工程师之地位，捍卫了我国的修路主权。编著《京张铁路标准图》，由广东中华工程师会出版。广东中华工程师会、上海工学会、上海路工同人共济会三会合并，于汉口成立中华工程师会，被推选为首任会长。

1914年，詹天佑以交通部技监的身份任汉粤川铁路督办。针对经费严重困难问题，统一筹划，就款计工，赶修粤汉铁路湘鄂线武昌至长沙段及川汉铁路汉宜线（即原来的广宜线）汉口至皂市段，并测定宜夔线。张绥铁路张家口至大同段竣工。以汉口欧美同学恳亲会会长身份发表演说，号召青年"各出所学，各尽所知，使国家富强不受外侮，足以自立于地球之上"。被选为英国铁路轨道学会会员。被选为粤东水灾汉口救灾会会长，多有捐助，各界闻声亦相继捐资。

1915年，长182千米的张绥铁路张家口到大同段通车，受奖。大同至丰镇段亦于年内竣工。因工款不足，发行筑路债券。为资助张绥铁路修筑，尽个人所能，将平日积蓄购买债券。因在公债发行中异常出力，受到嘉奖。宜夔线及成都线复测完毕，所定线路大致与长江并行，将原商办川汉铁路所取之山区内陆线裁弯取直。对成渝线绕行泸州的方案做了批示纠正。因汉宜线路线缩短，宜夔线缓筑。再次被选为中华工程师会会长，坚辞，未获同意。将中华工程师会改名为中华工程师学会。所编著的《新编华英工学字汇》《京张铁路工程纪略》由中华工程师学会出版，捐助印刷费用。粤东再次受灾，继续捐资，乡人传颂。

1916年，武昌至长沙间开始铺轨。为湘粤线长沙以南与广东粤汉铁路连接之湘南线工款一事，去京与外国银行团会商续借款事宜，提出撙节费用之计划，英、法、美三国银行同意就此事与其政府会商。京张张绥铁路定名为京绥铁路。粤汉铁路自广州通车至韶关，共长224千米。任交通部交通会议副议长，通过并主持统一路政等百余项决策案。中华工程师学会由汉口迁至北京，詹天佑捐资购房。获内务部授予的银质奖章。香港大学授予詹天佑法学博士学位，于是年12月交通会议闭幕后亲往接受。耶鲁大学拟于1881届毕业班毕业35周年返校恩亲校庆日授予詹天佑学位，因工作繁忙，未能返校接受。致函耶鲁大学表示，在学术上获得之一切荣誉应归功于母校。

1917年，任交通部铁路技术委员会会长及交通研究会会员、审订铁路法规会名誉会员、运输会议会员。因主持交通会议成绩昭著，交通部奖给名誉奖章。川汉铁路汉口至皂市段因德国借款被冻结而停工，共修筑路基164千米及部分桥梁房屋。张勋复辟后，强行征召詹天佑为邮传部尚书，詹天佑当时在汉口，拒绝到任。再次被推举为中华工程师学会会长。被推举为交通丛报社名誉社长。

1918年，粤汉铁路武昌至长沙段通车，共长365千米，与已建成的长沙至株洲段接通。被授予二等宝光嘉禾勋章。发表《敬告青年工学家》一文，对青年寄予厚望。连任中华工程师学会会长，向学会捐助百金，悬赏征文，鼓励学界开展学术研究活动。

1919年2月9日，唐山工业专门学校（今西南交通大学前身）在北京成立校友会，选举詹天佑为理事。《唐山工业专门学校杂志》1919年第1期记载："旅京校友会于民国八年二月九日在北京桃李园集会……当场议定简章，举出干事，其职员如下：理事有章宗元、詹天佑、关赓麟、华南圭、赵世瑄、唐在贤。"

病发与去世

　　1919年，命湘鄂局报送长沙以南路线的测量报告。致电巴黎和会中国代表，反对国际共管中国铁路的行为。受命代表中国出席国际联合监管远东铁路会议，2月，往海参崴、哈尔滨赴会。会议中，日冒严寒赴会，夜研文书议案，唯恐主权受损。与赴会中国代表共同努力，争取到了中东铁路沿线我国驻军的护路权，防止了列强以护路为名，武力夺取中东铁路，并争得了我国工程师在中东铁路的地位。因疲劳过度，心力交瘁，旧日腹疾复发，不得已请假就医。

　　1919年4月20日到汉口，21日入仁济医院，24日因腹疾严重，心力衰竭逝世，终年58岁。

　　临终遗嘱语不及私，向国家陈述三事：一、振奋发扬工程师学会活动，以兴国阜民；二、慎选人才管理俄路，以扬国光；三、就款计工，唯力是视，脚踏实地建成汉粤川全路。并称，上述三事乃其未了之血忱，如得到国家采纳，则天佑虽死之日，犹生之年。

　　詹天佑逝世后，北京、汉口、广州、上海、天津各界举行公祭，远东铁路会议与会代表致哀。以邝孙谋为首的中华工程师学会，和以丁士源为首的京绥铁路局同人会联合倡议，后又有以颜德庆为首的汉粤川铁路湘鄂线工程局500余人联合呈请，将詹天佑生平事迹发扬光大，"借没世之光荣，作后来之矜式"。

主要成就

唐山铁路

清光绪十四年（1888），詹天佑由老同学邝孙谋推荐到中国铁路公司任帮工程司。唐山铁路是中国第一条采用国际标准轨距建造的铁路，它最初的线路是从唐山修到丰南胥各庄，是京山铁路的一个重要组成部分。詹天佑亲临工地，与工人同甘共苦，仅用了70多天的时间，铁路就竣工通车。唐山铁路在开滦煤矿唐山矿1至3号井的东面，从一个有上百年历史的涵洞里穿越而出，又从唐山市区主干道新华道下穿过，全长12千米。

滦河大桥

清光绪十七年（1891），在洋务运动的晚风中，清廷重臣李鸿章受命在山海关设立了北洋官铁路局，他的得力助手周兰亭、李树棠总揽筑路事务，全力以赴修建关东铁路（路线为古冶—山海关—中后所—奉天等）。虽然洋务派和顽固派对政府修建铁路的行为一直争论不休，但李鸿章还是在第二年和开平矿务局的英国技师金达签下了协议，着手修建关东铁路第一段，即由古冶到山海关的线路。其实，早在清光绪七年（1881），中国第一条自建标准轨运货铁路——唐胥铁路就已运营，虽然用骡马牵引列车一度成为闹剧，但不可否认的是，那时中国的铁路业已经蹒跚起步了。令人意想不到的是，当这条铁路延伸到滦河岸边时，奔腾咆哮的滦河水使修路的步伐戛然而止。面对宽阔的河面，踌躇满志的金达邀请世界一流的英国铁路专家喀克斯，信心十足地施工架桥。可是滦河下游河宽水急，河床泥沙很深，地质结构复杂，桥墩屡建屡塌，众人一筹莫展。高傲的英国专家在屡次架桥受挫之后，最终将这块"烫手的山芋"转给了德、日专家，但还是以失败告终。

工期将至，金达想起了詹天佑。詹天佑的要求是由中国人自己来建造，他详尽分析了外国工程师失败的原因，又对滦河底部的地质状况进行了周密的测量研究，最终决定改变桩址，采用中国传统的方法，让中国的潜水员潜入河底，配以机器操作，最后顺利完成了打桩任务，建成了滦河大桥。

滦河大桥为单线铁路桥，全长670.6米，共17孔。从清光绪三年（1876）吴淞铁路修筑完成到1911年清朝统治被推翻，这期间我国境内共修筑铁路桥梁6000余座，滦河大桥是其中第一座采用先进的气压沉箱法建造的大桥。

京津铁路

清光绪二十一年（1895），清廷议定修建天津到北京的铁路，路线为从天津到北京西南郊的卢沟桥，名为津卢铁路，并于当年开始修筑，这也是中国最早的一条复线铁路。同时，任命当时在天津小站主持定武军训练的胡燏棻为督办。他向英国借款40万镑，作为修筑津卢铁路的资金，开创了借洋债修铁路的先例。聘英国人金达为总工程司，詹天佑为帮工程司。清光绪二十二年（1896），津卢路建成通车，线路从卢沟桥延伸到丰台，后又延伸到永定门外的马家堡。清光绪二十九年（1903），延伸至内城前门外东南，此处的车站名为"正阳门东车站"。后津卢铁路也被称为"京津铁路"，成为京奉铁路的一段。它不仅在中国铁路史上具有特殊的地位，同时也是清政府推行"实政改革"的标志性一环。

萍醴铁路

清光绪二十七年（1901），詹天佑受清政府铁路总公司督办盛宣怀的委派，到萍乡协助美国铁路工程师李治、马克来修建株萍铁路的萍醴段。在无图纸的情况下，他利用1个多月的时间，重新进行勘测和设计，并调集人马立即动工。通过土洋结合的办法，不到3个月的时间，湘东大桥便铺上了钢轨。萍醴铁路全长38千米，是专为汉冶萍公司运煤而修建的。通过这条铁路，江西萍乡安源煤矿的煤能运输至湖北汉阳的铁厂。清光绪二十八年（1902）11月，萍醴铁路竣工通车。

新易铁路

新易铁路的建成通车在我国铁路历史中虽仅是一件小事，对于詹天佑却有着举足轻重的意义。清光绪二十八年（1902）秋，为方便慈禧太后于来年清明祭陵，直隶总督袁世凯任命詹天佑为新易铁路总工程司，责成他在6个月内将铁路修建完工。新易铁路虽是一段短短的窄轨铁路，却是中国人自行设计兴建铁路之始。为此，詹天佑非常努力认真，从测量到通车，仅用了4个月的时间，比预定期限提前了两个月，大大节省了经费。

慈禧太后坐上这趟专列时，甚为高兴，专门召见了詹天佑。为奖励詹天佑筑路有功，她将随身携带的珠宝赏赐给詹天佑。詹天佑只留了一块钟表作为纪念，其余全分给了参加修建的工程人员。

新易铁路的建成，极大地鼓舞了中国人自建铁路的信心，为后来京张铁路的修筑打下了良好的基础。

京张铁路

虽有新易铁路成功修建的先例，但毕竟它仅是一条不长的、专供慈禧太后祭陵的窄轨非干线铁路，京张铁路才是詹天佑大展身手负责修建的中国第一条干线铁路。它起自今北京市丰台区，经八达岭、居庸关、沙城、宣化等地至河北省张家口市，全长201.2千米，清光绪三十一年（1905）9月开工修建，清宣统元年（1909）8月建成，时间不满4年。它是中国首条不使用外国资金及人员，而全由中国人自行设计、管理、运营的铁路。这条铁路现称为"京包铁路"，以前的京张段现为该铁路的首段。京张铁路是清政府排除英国、俄国等殖民主义者的阻挠，委派詹天佑为总工程司兼会办，后为总办兼总工程司，在艰难的条件下建成的。

中华工程师会

辛亥革命后，詹天佑为了振兴铁路事业，和同行一起成立了中华工程师会，并被推为会长，这是我国工程师有自己的团体组织之始。中华工程师会的成立对开展学术交流活动和推动科学技术事业的发展起到了突出作用，在当时营造了一种积极的学术研究风气。

培养青年

清光绪三十一年（1905）初，詹天佑受命勘测并修建京张铁路，同时担任总工程司兼会办。当时英、俄两国为争夺我国的筑路权而相持不下，最后达成协议：在不雇佣外国工程技术人员的前提下，才允许中国人自己修建京张铁路。

詹天佑认为："我国地大物博，而于一路之工，必须借重外人，引以为耻。"他深感若不能建成此路，必将"贻笑于邻国"。但那时有修建铁路经验的中国工程技术人员极少，勘测京张铁路时，詹天佑仅有山海关北洋铁路官学堂（今西南交通大学前身）第一届毕业生徐文炯、张鸿诰两名技术助手。詹天佑同供职于关内外铁路的留美同学邝孙谋，留美回国、供职于江苏铁路的颜德庆和天津北洋武备学堂1893年铁路工程班首批毕业学生等16人，组成了京张铁路基层技术人员的基本队伍。

清宣统元年（1909），京张铁路提前两年建成，工款结余28万两白银。9月24日，在南口举行观成典礼（通车典礼），这大大振奋了国人的信心。因深感中国工程技术人员的匮乏，詹天佑对山海关北洋铁路官学堂毕业的青年技术人员十分珍视，多方培养，帮助他们在京张铁路的修建中迅速成长，很多学员在其后的铁路修筑中成为技术骨干。不仅詹天佑本人，他的整个家族都对这所学堂的发展有极为重要的作用。詹天佑去世多年后，他的家人还于1931年捐资在山海关北洋铁路官学堂修建了三层的学生宿舍大楼，并用詹天佑的字命名，叫"眷诚斋"。

詹天佑还经常勉励青年要"精研学术，以资发明"，要求他们做到"勿屈己徇人，勿沽名而钓誉。以诚接物，毋挟褊私，圭璧束身，以为范例"。

著作

《新编华英工学字汇》《京张铁路工程纪略》《铁路名词表》等。

后人汇编的有：《詹天佑文选》《詹天佑书信选集》等。

纪实摄影照片集

《京张路工撮影》单卷本

《京张路工撮影》上、下卷本

《京张路工撮影》上、中、下卷本

《京张路工撮影》大内懋勤殿藏本上、下卷本

■2. 主管铁路、电力、邮政、航运的邮传部尚书徐世昌

清光绪三十二年（1906）11月，清政府在"预备立宪，需先厘定官制"的认知下，对原有的被称为"六部"的吏部、兵部、刑部、工部、礼部、户部及理藩院进行了大改组。11月6日，新增设的统辖铁路、轮船、电政、邮政的邮传部正式成立，在大力发展铁路、航运、邮政、电政事业方面均有不俗的表现。但其存在时间却很短，前后不满6年，至1912年4月23日终结。其间，13次更换领导人，前后共有12人担任尚书、大臣或正首领，总计14任，依次是：尚书张百熙、尚书林绍年、尚书岑春煊、尚书陈璧、尚书李殿林、尚书徐世昌、尚书沈云沛、尚书唐绍仪、尚书盛宣怀［清宣统三年（1911）后改称"大臣"］、大臣盛宣怀、大臣吴郁生、大臣唐绍仪、大臣杨士琦、正首领梁士诒。邮传部的历任领导人在任时间都不长，最短的仅半个月，最长的也不过1年零8个月。

清宣统元年（1909），尚书徐世昌在年初上任。徐世昌，天津人，其曾祖父、祖父均在河南为官。清咸丰五年（1855）出生于河南省卫辉府（今河南省卫辉市）府城曹营街寓所，1939年6月6日故，享年84岁，先寓葬于天津市桃园村原英国公墓，后同夫人一起归葬于河南省辉县市百泉镇苏门山下。字卜五，号菊人，又号弢斋、东海、涛斋，晚年号水竹村人、石门山人、东海居士。徐世昌早年中举人，后中进士。袁世凯小站练兵时任其为谋士，互为同道。清光绪三十一年（1905）任军机大臣，袁世凯称帝时他默默远离。1916年3月，袁世凯被迫取消帝制，起用他为国务卿。1918年10月，徐世昌被国会选为民国大总统。他下令对南方停战，次年召开议和会议。1922年6月辞职，退隐于天津租界以书画自娱。徐世昌国学功底深厚，不但著书立言，而且研习书法，工于山水松竹，一生编、刻书30余种，被后人称为"文治总统"。他还参与制定并推行了中国最早的巡警制度。徐世昌做邮传部尚书共1年零6个月，在历任领导人中，排名第二长。他采取雷厉风行的手段做了许多实实在在的事，对中国铁路、电力、邮政、航运、电报等事业的发展有重要作用。他在任上时，还赶上一件我国几千年"旷古未有之大事件"，即詹天佑运用纪实摄影的方法，把由他治下的由邮传部统辖的京张铁路的修建成果大规模、成系统地用照片记录下来，使得自此以后的国人和整个世界，永远可以通过这些高画质影像清晰地看到京张铁路最初的样貌。

清宣统元年（1909）至清宣统二年（1910），《京张路工撮影》照片簿集册时，记录的内容都是徐世昌任中国管理铁路的最高官员期间京张铁路初成时的影像。

■ 3. 力主革新，维护路权的外交官汪大燮

汪大燮（1859—1929），原名尧俞，字伯唐，一字伯棠，浙江钱塘（今浙江省杭州市）人。晚清至民国时期重要的外交官、政治家，在北洋政府中担任过国务总理。

清光绪二十八年（1902），任留日学生监督。次年，任外务部左参议。清光绪三十一年（1905），任驻英公使。两年后回国，不久与达寿、于式枚等人任考察宪政大臣，出访英、日、德等国。他多次在与洋人关于中国铁路修建的谈判中，为维护国家路权发挥关键作用。在京张铁路成为中国人自主修建的第一条干线铁路的路权外交交涉中，他也发挥了重要作用。

1913年，汪大燮任中华民国驻日外交代表。1919年2月，蔡元培、汪大燮、林长民、熊希龄等在北京大学召开国际联盟同志会成立大会，汪大燮任代理理事长。4月30日，巴黎和会决议将德国在山东的权益让给日本。5月1日，巴黎和会我国首席全权代表陆徵祥致电北京政府，请示是否签字。外交委员会获知后，立即召开紧急会议商议对策，决定拒签和约，并由林长民将致专使的拒签电文亲呈徐世昌。但5月2日，国务院又密电专使签约。汪大燮见事已至此，遂辞去职务，并宣布解散外交委员会。当晚，汪大燮将此消息告知北大校长蔡元培。蔡元培立即将这一消息转告持坚定反日立场的北大学生，五四运动由此引发。

■ 4. 京张铁路局首任总办陈绍常

　　清光绪三十一年（1905），为修建京张铁路，清政府成立了京张铁路局以具体管理有关事宜，并委任陈绍常为首任总办、詹天佑为会办兼总工程司、关冕钧为会办。

　　首任总办陈绍常对于京张铁路最关键的贡献，在于促成詹天佑成为京张铁路总办兼总工程司。这使詹天佑从此集京张铁路的行政管理、财政管理与工程设计施工管理权于一身，这也是詹天佑之后得以充分施展自己的抱负与才华的最有力保障。

　　在清宣统二年（1910）成册的《京张路工撮影》的全部照片中，一共有16幅车站的照片。其中，干线车站的照片共13幅，支线车站的照片共3幅，沙河车站在全部照片中出现两次。所有车站中，最早的建成于清光绪三十二年（1906）夏天。建站时间最早的5座车站均由陈绍常题写站匾。所有照片中，署名为"陈绍常题"的共有6幅。可见京张铁路修建早期，陈绍常具有相当高的地位。

■ 5. 京张铁路会办、后来的铁路大臣关冕钧

关冕钧称得上是一位"奇士"。他字耀芹，号伯衡，父亲是一位进士。

清同治十年（1871），他出生于广西苍梧（今广西壮族自治区梧州市）长洲岛杨桥村，1933年2月15日病逝于北平（今北京市），后归葬故里。

关冕钧早年中举人。清光绪二十年（1894），赶上慈禧太后60大寿，为表庆贺，三年一次的考试提前进行，称为"恩科"。他在这一场考试中中了进士，当了翰林院庶吉士。后来他还当过编修和光禄大夫。清光绪二十四年（1898），任国史馆协修官。清光绪二十八年（1902），任编书处纂修官。次年，任功勋馆纂修官。

他是我国历时1000多年的科举考试的最后一任主考官，这一年是清光绪三十年（1904），正逢慈禧太后七十大寿。时人戏称他把"科举考试给考绝了"——自他当主考官的这届科举后，中国从此再无科举。

清光绪三十一年（1905），关冕钧追随李鸿章、梁仕诒，努力推动第一条由中国人自行筹款、勘探、设计、施工的铁路——京张铁路的修建。

清光绪三十二年（1906），邮传部成立，他任部总务，提出"以铁路为先"的主张。

清光绪三十三年（1907）6月6日，清廷下达诏书任其为铁路局会办，不久后又任命其为铁路大臣。身为京张铁路的总务，大至工程的指挥、调度、协调，经费的调拨、使用、监督管理，小至后勤等事，关冕钧无不殚精竭虑，细细安排，和詹天佑密切配合。清宣统元年（1909）7月4日，京张铁路的铁轨终于铺设到了终点站张家口车站，至此铁路全线完工，其间经历了无法形容的艰难和险阻。

从《京张路工撮影》上、下两卷的全部183幅照片来看，站匾署"关冕钧书"的干线车站有青龙桥车站、康庄车站、怀来车站、沙城车站、下花园车站，支线车站有三家店车站、门头沟车站，一共7座。

在京张铁路修筑的整个过程中，关冕钧可谓劳苦功高。

■ 6. 徐世昌（右）和陈绍常（左）

　　照片里，坐在右边的徐世昌做了一年半的邮传部尚书。在任期间，他鼎力支持京张铁路的修建。

　　而坐在左边的陈绍常则是京张铁路的首任总办。"万事开头难。"京张铁路修建过程中遇到了种种困难，他带领工作人员——攻克。可以说，京张铁路最后能成功通车，陈绍常功不可没。

■ 7. 验道专车

■8. 验道专车

从照片7开始说。

初看，这幅照片似乎并没有什么不同寻常之处。

孙明经老师曾教导笔者，把这幅照片和接下来的一幅同样名为"验道专车"（即照片8）的照片连起来一起细细阅读思考，就会发现它们在中国的摄影历史中，拥有足以令世人惊诧的地位。

首先，看"验道专车"四个字。先说"专车"二字，它强调了照片里的这一列火车是有专门的使命的。什么使命呢？就是"验道"。那么，谁来验道呢？毫无疑问当然是拥有验道资格的专家。19世纪末20世纪初，中华大地上一切需要先进技术的领域里，洋人无处不在。而在这幅照片里，我们却找不到洋人的面孔。

照片中，一眼就能看到站在车厢前面的10位衣着考究、气度高雅的男士。其中右数第三位，便是因为筹划京张铁路功勋卓著，不仅被清廷派任邮传部二等顾问官、加二品衔，还调任邮传部参议厅行走，并到部赴任，同时仍兼任京张铁路总办兼总工程司的詹天佑。其他的9位，则是詹天佑的同僚、助手。

他们的身后，站得高高的是一群目光坚定的男人，他们中的一部分人一手握笔，一手握垫板和纸，衣着整洁，器宇轩昂，充满自信。这些人正是修建、经营、管理、维护京张铁路的主力军——有知识、掌握西方现代工业各种岗位的任职技能、懂规矩、守纪律的我们中国人自己培养训练出来的第一代大产业工人！

继续看照片8。画面的左侧，仍是詹天佑及其同僚、助手。细看，这些当时的官员们的影像竟然是虚的，而在画面右侧，则可清晰地见到中国第一代大产业工人！

詹天佑在耶鲁大学时是专门学过摄影成像原理的。在拍摄图8时，他把自己和同僚、助手全部放置在成焦平面之外，而把工人们置于其中，这样一个有意为之的对焦动作，在封建时代是何等难能可贵呀！

孙明经老师强调，这幅照片，是我们能看到的，中国大产业工人群体诞生时画质最清晰，时间、内容、事件记录得最明白的"群体生日照"。据此，我们可说，此时我国的大产业工人群体已经诞生，并且走上了时代的舞台。

在詹天佑拍摄这幅照片12年后，伟大而光荣的中国工人阶级的先锋队——中国共产党登上了历史的舞台。

孙明经老师还说，这幅照片，开了中国纪实摄影的先河，它背后蕴含丰富的内涵，涵盖哲学、经济学、法学、教育学、文学、史学、理学、工学、医学、农学、军事学、管理学、艺术学等学科，为"中国纪实电影与纪实摄影"课程提供了教学范例。

孙明经老师又强调，从清光绪十四年（1888）在天津中国铁路公司任帮工程司，投身塘沽到天津的铁路铺轨工程开始，到拍摄这两幅照片的清宣统元年（1909）止，詹天佑在铁路的勘探、设计、修建、营运、维护、管理领域已经摸爬滚打了21个年头。他比任何人都清楚，铁路和工人是一个无法分开的整体。没有工人的参与与贡献，仅有优秀的管理人员和工程技术人员，是不可能建成任何铁路的，更不要提之后的运营了。

细品《京张路工撮影》的全部照片，若能读懂詹天佑拍摄的目的是为了感恩、赞叹中国铁路工人无与伦比的创造力所给予自己的帮助，那就是真读懂了这些照片，也读懂了詹天佑。

笔者曾请教过孙明经老师："詹天佑本人明明就在照片里，为什么说这些照片是詹天佑拍摄的呢？谭景棠先生又发挥了什么作用呢？"孙明经老师教导笔者说："谭景棠是詹天佑雇佣的撮（摄）影大跟班。"在《京张路工撮影》收录的所有照片中，谭景棠出现了多次，即在《京张路工撮影》完成的过程中，詹天佑是摄影师，谭景棠是撮（摄）影跟班。按我们现在的说法，照片的著作权属于詹天佑——如果没有获得詹天佑的授权，谭景棠是无权印晒任何一张照片的。在詹天佑的带领指导下，经过拍摄京张铁路的历练，谭景棠此后成为中国铁路摄影领域的专家。

■ 9. 阜成门外工程局

　　这幅照片拍摄的是清宣统元年（1909）京张铁路工程局衙门正门的外景，它位于老北京城的西边，阜成门的城门外。画面的右侧，可见一扇较小的门，右门柱上挂有一块牌匾，牌匾上竖写着汉字"京张铁路官医院"，可见京张铁路局所辖的官办医院就设置在工程局衙门的旁边。

阜成門工程局客廳

■ 10. 阜成门工程局客厅

　　这幅照片拍摄的是当时京张铁路工程局衙门内的客厅和庭院。客厅内板壁墙上的四尺中堂画、画两侧的对联、条案上的一对帽筒和掸瓶、条案前的方桌、方桌前的一对痰盂、方桌左右的一对太师椅，构成了典型的中式家居风格。条案正中放置的西洋钟和高悬于堂内正中的西洋煤油灯又为整个环境平添了几许西洋的味道。

■ 11. 京张干路起点

照片里这座桥的桥头，就是清宣统元年（1909）通车的京张铁路干线的起点。轨道的左侧立有一块牌子，牌子上用黑字竖写着"京张铁路"。

■ 12. 北京广安门车站

　　这幅照片的右下角没有印标题。

　　照片里，火车站正立面墙最上方的站匾上用小字横写着"北京"二字，其下用大字横写着"广安门车站"五个字，再下面是横写的威妥玛拼音"KUANGANMEN"。匾的最右侧是竖写的汉字小字"光绪丙午夏季"，左侧是"陈绍常题"，此四字下为陈绍常的印章。广安门车站是京张铁路建成当年，全线所有站匾中，写有"北京"二字的两座车站之一，另一座是西直门车站。

　　通过这幅照片可知，车站站房为五开间。站房门廊内左、右两侧各有一条长凳，供乘客候车时歇息。正中有一门，通向后面的房间，门左侧的墙上挂着一块白色的牌子，上排书英文"Telegraph Department"，下排书中文"电报处"。整座站房正中最高处立有一根旗杆，杆上悬挂着一面代表清朝廷的龙旗。

■ 13. 西便门5号天桥

这幅照片记录了清宣统元年（1909）时，从京张铁路起点北行后遇到的第一座天桥，它位于北京城西便门外。照片右下角印有标题"西便门5号天桥"。此标题中，"5号"的"5"字（题图），为今天一般人所不知。这本是我国宋元以来，以苏州为中心的江浙一带的大商贾们日常经营时所专用的一种数目字，名叫"苏州码子"。

清代，江浙多出师爷和文官，于是，这种原本在江浙一带商圈中专用的数目字便被带进了清代的官场甚至朝廷。清末的最高统治者慈禧太后也尤为偏爱苏州码子。照片标题中看着近似今天阿拉伯数字"8"的数目字，在苏州码子中便是"5"。

70多年前，笔者尚年幼，生活在南京，启蒙教育阶段虽曾接触过苏州码子，但真正对它有所了解，则得益于青龙桥火车站站长杨存信的赐教。

照片中桥的右侧，可见一辆四轮人力手压轧道车。这是詹天佑安排给撮（摄）影跟班们用以拍摄铁路沿线设施出行时专用的交通工具，在本书的所有照片里，多次出现詹天佑的撮（摄）影大跟班谭景棠或坐在轧道车上，或站在轧道车旁的场景。

京张铁路通车后，沿线可见多座这样的天桥。

西便門的天橋

■ 14. 西便门天桥

　　这幅照片拍摄于西便门5号天桥之上。乍一看，照片的主体似乎是正停在铁轨上的手压轧道车和车上的5个人，可照片右下角处所印的标题明明是"西便门天桥"。

　　本条说明的附图，是对轧道车后边画面的放大。附图右侧有一圆顶白色的水泥桥标碑，碑上有一块长方形的黑色标记，标记中心是苏州码子"5"。铁轨两侧各有一个露出很多铆钉的长方体钢铁构件，这一对构件即西便门5号天桥的桥身。照片13是在桥下一侧拍摄的西便门5号天桥，照片14则是在桥上拍摄的西便门5号天桥。

西便門天橋

■ 15. 阜成门过车道口栅门

　　这幅照片拍摄于北京城的阜成门外。照片右下角印有标题"阜成门过车道口栅门"。

　　出了西便门，再向北行，便来到了北京城西面的一座重要城门——阜成门。出阜成门向西，是当时为北京供应煤炭的热源基地西山。细看这幅照片，可见横在北去铁路上的栅栏门中间夹着一条东西走向的道路。两个看守道口的工人站在铁轨的左侧。工人左侧的石砌建筑，是他们休息的场所。

阜成門過車道口栅門

■ 16. 西直门停车场

　　这幅照片拍摄于北京西城墙最北端的城门西直门的外面。照片右下角印有标题"西直门停车场"。

　　照片正中是西直门停车场中最大的建筑机车房，较小的建筑是上水塔。照片左侧可以看到5条北去的铁轨和1条向左拐的岔道，还有西直门车站的站台、站舍，以及停在轨道上的机车。照片右侧则可以看到京张铁路员工的住宅区，以及北京西城墙最北端的一部分。

■ 17. 西直门停车场

这幅照片和照片18拍摄的机位都在停车场机车房和上水塔以南，记录的是京张铁路沿线北京段最大的停车场其时的模样，标题均为"西直门停车场"。

■ 18. 西直门停车场

这幅照片和照片16、照片17拍摄于同一天。其中照片16是中景，照片17是远景，照片18是近景。

西直门过车道口栅门

■ 19. 西直门过车道口栅门

　　位于这幅照片正中的是跨越护城河的大石桥旁的砖砌桥栏，这座桥通向颐和园大道。桥右可见西直门卫城高大箭楼的北半边部分，箭楼下是护城河沿岸的建筑，桥左可见京张铁路上规模最大的跨越3条铁轨的栅栏门。栅栏门的左、右各有1名值守道口的工人，右边的那名手持信号旗。透过栅栏门可见西直门停车场内高大的机车房和上水塔。

　　这幅照片是《京张路工撮影》全部照片中，记录京张铁路和北京城之间联系最直观、最令人一目了然的一幅。

■ 20. 西直门车站

　　这幅照片记录了京张铁路上西直门火车站的东、西站台及主、副两座站房。车站西站台主站房的正门洞前站着站长，站长左、右各立着两名持步枪的铁路警察，这是《京张路工撮影》的照片中，第一次出现手持当时最先进的拴动后装步枪的铁路警察。

　　照片右下角印有标题"西直门车站"。主站房正上方是陈绍常题的站匾。站匾最上是横写的汉字小字"北京"，下有大字"西直门车站"，再下为横写的威妥玛拼音"HSICHIHMEN"。匾的右端是竖写的汉字小字"光绪丙午夏季"，左端是"陈绍常题"，题字下方为陈绍常的两方印章。

■ 21. 大石桥河12号桥

 　　西直门车站北边不远处有一条小河，河的名字叫"大石桥河"。题图是照片标题的截图，"桥"字上方的字符是苏州码子，读作"一十二号"。照片里的铁路桥，就是跨越大石桥河的铁路桥。

大石橋河床橋

箭亭橋

■ 22. 箭亭14号桥

 从大石桥河12号桥向北行，不远处，有一座名为"箭亭"的小亭子。它依山傍水，风景宜人，是清代满族旗人子弟论诗习箭的一处充满雅趣的地方。京张铁路从箭亭畔跨水北去，这跨水之桥便是照片里的箭亭14号桥。题图是照片标题的截图，"桥"字上方的苏州码子读作"一十四号"。

■ 23. 清河车站

　　这幅照片的右下角没有印标题。从箭亭向西北方向行不远，即达清河车站。车站站房正中立面墙上方站匾上，从右至左题有汉字"清河车站"四字，其下，从左至右是横写的威妥玛拼音"CHINGHO"。站匾最右端是竖写的汉字小字"光绪丙午夏季"，左端是"陈绍常题"，小字下方有两方印章。

　　站房门廊内左、右两侧都设有长凳，供乘车人候车时歇息。正中门洞内左侧墙上悬挂着一块白色木牌，上排书英文"Telegraph Department"，下排书中文"电报处"。

　　照片中，站长站在正中门洞的右侧。

■ 24. 南沙河15号桥正面

从清河车站出发，沿铁轨向北行不远，有两条河横于前方，分别名为"南沙河"和"北沙河"。照片里的这座桥是跨越南沙河的铁路桥，拍摄机位在河的北岸。

照片中，手压轧道车停在桥上，车上一共5人，手扶压柄的4名工人合力推动车子前进，坐着的是配合拍摄的铁路员司。题图是照片标题的截图，"桥"字上方的苏州码子读作"一十五号"。

南沙河洛据橋正面

■ 25. 南沙河15号桥侧面

　　这幅照片和上一幅拍摄于同一天。照片24是从桥上拍摄的南沙河15号桥的正面，照片25则是从一侧拍摄的南沙河15号桥的侧面。

南沙河伯傳橋側面

■ 26. 南沙河15号桥

　　这幅照片同照片24、照片25是在同一天内拍摄的，机位是桥身的另一侧。照片中可以看到和照片25相反的桥身侧面的全景。京张铁路通车时，南沙河桥是一座名桥。

■ 27. 沙河车站

    本幅照片右下角没有印标题。过了南沙河桥，就是沙河车站。京张铁路所有的车站中，沙河车站算是一个小站。车站站房正立面墙最高处的站匾上，题有中文大字"沙河车站"，下一行写有威妥玛拼音"SHAHO"。站匾右端以中文小字竖写着"光绪丙午夏季"，左端为"陈绍常题"，下有印章两方。

    站房门廊内左、右两侧都设有条凳，供乘车人登车前歇息。站长站在正中门洞稍右，副手站在右边门洞左侧。右边门洞中还可见称重用的大秤。

■ 28. 北沙河16号桥侧面行车景

　　南沙河和北沙河上的两座铁路桥相距很近，其间还夹着一个沙河车站。这幅照片拍摄于北沙河上的铁路桥的一侧，一列既有载客车厢又有载货车厢编组的列车正从大桥上通过。题图是照片标题的截图，"桥"字上方的苏州码子读作"一十六号"。

北沙河挎橋側面行車景

北沙河便橋側面

■ 29. 北沙河16号桥侧面

这幅照片和照片28是在同一天拍摄的，是从另一侧拍摄的北沙河铁路桥的侧面全景。

■ 30. 辛店20号桥侧视

　　此桥位于北沙河铁路桥以北，南口车站以南，即当时的辛店之侧。这里雨季时水洼连片，天旱时干涸，露出地表。照片拍摄时，正赶上水洼干涸。题图是照片标题的截图，"桥"字上方的苏州码子读作"二十号"。

辛店橋側視

■ 31. 南口车站

　　南口车站位于今北京市昌平区南口镇，是当时京张铁路上最重要的车站。

　　照片里，站长站在站房正中偏右的位置。立面墙最上方的站匾第一行自右向左是横写的汉字"南口车站"，第二行自左向右是横写的威妥玛拼音"NANKOU"。站匾右端是竖写的汉字小字"光绪丙午夏季"，左端是"陈绍常题"，下有两方印章。

南口機車房

■ 32. 南口机车房

　　标题中的"机车房"，现在称为"机车库"，虽然在照片16、照片18和照片19中都出现过，但作为照片内容主体并出现在照片标题里，这是唯一的一张。照片中，同一条铁路的轨道到了机车房前分岔成了两条，分别通向两个大门洞，可见这门洞是存放或维修火车头的地方。机车房的左侧，有一座高大的上水塔，用处是为火车头的锅炉加水。

■ 33. 南口制造厂

　　照片右下角印有标题"南口制造厂"，指的便是围墙里的建筑。
　　这家制造厂专为京张铁路的建筑和运营服务，位置在今天的北京市昌平区南口镇，紧贴京张铁路的干线。在当时，它是规模数一数二的铁路制造厂。从这家制造厂的规模与厂址布局，可见詹天佑"铁路救国、铁路强国"的气魄与雄心。

南口製造廠

■ 34. 南口工程司处

照片右下角印有标题"南口工程司处"。

京张铁路干线从该建筑前经过。拍摄这幅照片时，该处的6名工作人员在大
门外和建筑一起入了镜。

■ 35. 南口机器总管处

照片右下角印有标题"南口机器总管处"。

京张铁路干线从该建筑前经过。细看照片，围墙里的建筑风格简洁讲究。拍摄这幅照片时，建筑外一个人也没有。

■ 36. 南口机器厂

照片右下角印有标题"南口机器厂"。

京张铁路干线从厂区内穿过。照片里，由粗大方木构成的高大起重支架成为前景，大支架后面，30多名工人一字排开。

南口機器廠

079

■ 37．南口总材料厂

照片右下角印有标题"南口总材料厂"。

厂区紧贴京张铁路干线。细看，有铁路岔道通进以铁丝网围成的厂区。厂区内，各种修筑铁路的材料成箱堆放，一群工人正站在这成堆的材料中间。

南口總材料廠

南口監工處

■ 38. 南口监工处

　　照片右下角印有标题"南口监工处"。

　　这一组不大的由石头砌起来的建筑紧贴着京张铁路干线。拍照时，监工处的一名工作人员正站在铁路和建筑之间。

■ 39. 南口旅馆

　　这组建筑距当时的南口车站不远。建筑的正中，两根砖砌门柱的左边一根上白底黑字竖写着"中外旅馆"，右边一根上竖写着"南口公司"。两根门柱上上下排列着两块弧形的白色匾额，上匾上是横写的"NANKOU"，下匾上是"RAILWAY HOTEL"。门柱前立有一根高杆，为这座酒店接入电话线。围墙内亦竖有一根高杆，杆顶上飘扬着一面白色的幌子，幌子上写有英文"NANKOU RAILWAY HOTEL"。

　　清宣统元年（1909）的南口，就有书写英文幌子的酒店。今天想想，也着实令人感到有几分惊诧。

■ 40. 岫泥坑23号桥

　　照片右下角印有标题"岫泥坑23号桥"。题图是照片标题的截图，"桥"字上方的苏州码子读作"二十三号"。

　　这座桥，位于京张铁路东园站南边。照片里，跟随拍摄的手压轧道车正停在桥上。车上的人中，有一位头戴鸭舌帽、上着黑上衣、下穿白裤、脚蹬西式高筒牛皮护腿靴的男士，正悠闲地坐在车栏上。此人值得一提——孙明经老师曾教导，此男士即为詹天佑的撮（摄）影大跟班谭景棠先生。

　　照片中，手压轧道车停在桥上几乎正中的位置，车上其他几人和谭景棠先生一样，也都面对着镜头。

■ 41. 窑顶沟24号桥

照片右下角印有标题"窑顶沟24号桥"。题图是照片标题的截图，"桥"字上方的苏州码子读作"二十四号"。

照片上的这种桥梁学名叫"拱桥"，京张铁路沿线有单拱桥、双拱桥、三拱桥等，此桥为五拱。

照片中，詹天佑安排给摄（摄）影跟班的轧道车就停在窑顶沟24号桥中间的桥拱上。车上，摄（摄）影大跟班谭景棠一身偏西式打扮，潇洒地坐在车栏上悠闲地看着镜头。车上的几名工人也潇洒地手扶压柄，面对着镜头。

居庸關南隔峒望火車全景

■ 44. 居庸关南隔峒望火车全景

照片拍摄于居庸关南，右下角印有标题"居庸关南隔峒望火车全景"。

照片中，一眼可见，居庸关关城山坡下的轨道上，正停着一辆手压轧道车。撮（摄）影大跟班谭景棠正潇洒地坐在右侧车栏上，神情悠闲地看着镜头。他的身后，轨道延伸至远处。

照片左侧的中下部，轨道外的路基上，距机位不远处，可见一个西式牛皮箱和一黑一白两个包袱，这是装照相机的机箱和跟班们的包袱。

孙明经老师曾教导笔者，这幅照片若不经放大后细细查看，或没有在20世纪三四十年代前到拍摄的位置实地考察过，很难把照片内容和标题想要表达的意思融会贯通。

为把这幅照片的内容说明白，笔者把照片的两处局部放大了，作为附图附在此条说明中，以方便读者理解。

附图一是从南向北拍摄的位于山巅的居庸关关城。在关城南山坡下的隧道出口被称为"居庸关山峒南口"，即照片46拍摄的内容。看明白这幅附图，就能完全明白标题中的"居庸关南"的意思了。

细看照片44左侧的中上部，可见附图二中的这一列火车。照片标题中所说的"望火车"，"望"的就是这一列火车。

42. 东园新添车站作工景

照片记录了京张铁路线上新添的东园车站施工现场的情景。

■ 43. 战沟26号桥

照片右下角印有标题"战沟26号桥"。题图是照片标题的截图，"桥"字上方的苏州码子读作"二十六号"。

该桥有五拱，桥身以钢筋水泥浇筑，极为坚固，对于抗击洪水十分有利。

照片中，细看可见中间一桥拱的上方，谭景棠正悠闲地坐在轧道车的车栏上潇洒地看着镜头，车上其他人也都不扶压柄了，各自潇洒地看着镜头。

居庸關山峒南口外栲橋

■ 45. 居庸关山峒南口外27号桥

栲橋

这座铁路桥位于居庸关隧道南口外，照片中可见居庸关关城。

照片里的桥梁为单拱钢筋水泥桥，桥身极为坚固，有利于抗御洪水。题图是照片标题的截图，"桥"字上方的苏州码子读作"二十七号"。

附图是桥左首区域的放大图，图中之人正是大家都不陌生的谭景棠先生，他正潇洒地站立于桥头上。

■ 46. 居庸关山峒南口

照片右下角印有标题"居庸关山峒南口"。

照片44标题中所说的"隔峒"，隔的就是这座山洞。照片中，山洞顶上可见长城居庸关关城。洞口上方，有一横匾，上有"居庸关山洞"五个大字，匾上的"洞"字，和照片标题所用的"峒"字有异。

山洞所在的隧道是京张铁路上开凿的四条大隧道之一。

居庸關山峒南口

■ 47. 居庸关山峒北口

照片右下角印有标题"居庸关山峒北口"。照片中可见沿山坡而下的长城消失于洞口不远处。

附图为洞口处的局部放大，可见那辆大家熟悉的手压轧道车。清代是以左为贵的，在《京张路工撮影》中，凡是谭景棠坐在这辆车上的照片，大多数时候，他都坐在左边车栏上。照片里，车上的3名工人和谭大跟班一起看着镜头。

细看这幅照片的左边，还有8名工人正用诧异的目光看着镜头。

居庸關新添車站道岔作工景

■ 48. 居庸关新添车站道岔作工景

照片右下角印有标题"居庸关新添车站道岔作工景"。

这幅照片记录了新建居庸关车站道岔时的施工情景。在车站站房前，我们可以看见那辆熟悉的手压轧道车，谭景棠并没有坐在车上，3名提供动力的工人，也没有站在车上，而是分列在车下的两侧，远远看着镜头。

这幅照片在《京张路工撮影》的全部照片中极为珍贵，它是唯一一幅记录京张铁路上工人正在施工的大场面全景照，为我们今天了解与认知当年修筑京张铁路时工人如何实际施工提供了直观的依据。

■ 49. 三桥子村28号桥

　　照片右下角印有标题"三桥子村28号桥"。题图是照片标题的截图，"桥"字上方的苏州码子读作"二十八号"。

　　照片中，谭景棠正悠闲地站在桥拱的顶部，潇洒地望着远方。

　　这座单拱桥的桥身为钢筋水泥浇筑，抗洪性能很好。

三橋子村特橋

■ 50. 四桥子29号桥由西望景

照片右下角印有标题"四桥子29号桥由西望景"。题图是照片标题的截图，"桥"字上方的苏州码子读作"二十九号"。

拍摄机位安放在这座以钢筋水泥浇筑的单拱桥的西侧，大家熟悉的手压轧道车就停在桥拱顶部。附图中，谭景棠同以往一样悠闲地坐在车栏上，潇洒地看着镜头。3名工人或站或坐，也看着镜头。

照片里还可以看到，在桥洞右侧，有4名工人正在就地取石砌筑护坡。透过桥洞，还可见另一侧也有工人在做工。

四橋子將橋由西望景

■ 51. 四桥子29号由东望景

照片右下角印有标题"四桥子29号由东望景"。

本幅照片和上一幅照片拍摄的是同一座以钢筋水泥浇筑的单拱铁路桥。上一幅的机位在桥的西侧，这一幅的机位在桥的东侧。

■ 52. 居庸上关由南望景

照片右下角印有标题"居庸上关由南望景"。

附图为照片右侧铁轨的局部放大，细看可见，谭景棠坐在手压轧道车左侧的车栏上（实际上是车上的右位），而车的右侧车栏上（实际上是车上的左位即尊位）坐着一位头戴西式旅行帽、穿着一身皂色衣服、脚蹬西式皮靴、手握一西式文明棍的男士，这是詹天佑的副手，也是京张铁路上的大人物。他和谭景棠一样，正悠闲地看着镜头。

照片中的轨道由南向北延伸，左侧可见上关城。

■ 53. 居庸上关30号桥

照片右下角所印标题为"居庸上关30号桥"。题图是照片标题的截图，"桥"字上方的苏州码子读作"三十号"。

居庸上关30号桥是一座单拱钢筋水泥桥，桥拱上停着大家熟悉的那辆手压轧道车。车上和桥上都看不到谭景棠，他此时应该正在操弄照相机。附图一中，驾车的工人一名潇洒地坐在车栏上，其他几名站在地上。和刚刚开始被拍照时相比，他们的神态已经悠闲了许多。

附图二则让人看了多少有几分心酸。一直以来，人们饲养骆驼用于运输。京张铁路沿线，自古就是我国北方的一条大贾道。所谓"贾道"，用今天的话说，就是一条贸易之路。张家口清代时在国际上被叫作"Kalgan"（喀拉干），是一个有名的贸易城市。当时，张家口境内朝北开的长城城门名叫"大境门"，门里门外中外商贾云集，大大小小专门从事对外贸易的商家多达1500余家，仅羊毛、羊皮就堆积如山，年贸易额高达1.05亿两白银。

京张铁路通车之前，这些货物的运输和客商们的往来，全靠沿途的骆驼户牵着骆驼运送。然而，不论是运货物还是运人，相较于骆驼，火车有快速、舒适、安全、便宜的优点。因此，京张铁路一通车，骆驼户没了生意，连给骆驼买饲料的钱也没有了，骆驼们饿得皮包骨头，连双峰都饿得瘪瘪的了。

这幅照片把京张铁路崭新的新式桥梁和一群饿得皮包骨头的骆驼拍在了同一幅画面中，形成了鲜明的对比。如不是巧合，那可真称得上是匠心独运了。

居庸上關四号橋

■ 54. 三堡32号斜桥适过火车景

照片右下角所印标题为"三堡32号斜桥适过火车景"。题图是照片标题的截图,"斜"字上方是苏州码子,读作"三十二号"。

照片的标题显示,三堡32号斜桥上,正开过一列火车。但是照片上的内容却告诉我们,这一列火车是为拍摄这幅照片而专门停在桥上的,并且是一列既有载客车厢又有载货车厢编组的火车。

当时,一般火车头的配置都是每侧1个气缸、3个驱动轮,两侧便是

2个气缸、6个驱动轮。而本幅照片里的火车头却是每侧2个气缸、6个驱动轮,两侧一共4个气缸、12个驱动轮。在当时,这种火车头是世界上个头最大、马力最足的火车头,名叫"马力机车",如附图一所示。附图二的火车头名为"北英机车",也是当时常用的火车头,体型却远小于马力机车。

附图三是火车头与客车车厢连接处和客车车厢的第一个车窗,可以清晰地看到两副西洋面孔。附图四则是客车车厢和货车车厢连接处,可以清晰地看到那里有一名洋人。当时,京张铁路刚刚通车,满载货物的列车加挂载着西洋客商的车厢奔驰在燕赵大地上,京张铁路的国际通道职能已经初露端倪。

再看附图五,货车车厢里,货物装得满满的。和上一幅照片中那些因为无货物可运,主人没钱买饲料而饿得皮包骨头,连双峰都瘪瘪的骆驼一比较,反差实在是太强烈了。

二堡背斜橋通過火車景

■ 55. 五桂头山峒南口

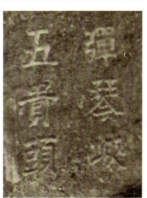

照片右下角印有标题"五桂头山峒南口"。五桂头是经詹天佑改过以后的地名，原名"五贵头"，位于今天八达岭以南、三堡村以北5座远看状如乌龟头部的山间。其间有峡谷，峡谷中有温榆河自北流来，拐了两个弯后向南流去。古代，此地因山如五龟相聚而得名"五龟山"。后相传因明成祖朱棣冤杀霍氏（一说为火氏）五兄弟并悬其人头于此，而得名"五鬼头"。后来，霍氏五兄弟又被封为五显财神，朝廷因此在此峡壁上建了一座五鬼头财神庙以为祭奠之所。再后来，人们觉得"鬼"字不妥，便改成了"五贵头"。詹天佑修筑京张铁路时，确定在此穿凿隧道后，将"五贵头"更名为"五桂头"。

照片中可见崖壁上有一条石凿步道通向一座庙宇的山门，如附图一所示。山门右侧崖壁上，一组造型典雅精致的亭台楼阁颇为引人注目，这组建筑就是清代末年远近闻名的五贵头财神庙。下半边岩壁的表面可见6处石刻，最显眼的两处一为圆头碑（附图二），一为六字石刻（附图三）。圆头碑上刻的内容为《重修魁星阁碑记》，记述了清末黄大元考中武状元后，出资修复财神庙和魁星阁的经过，落款为"大清同治三年岁次甲子□□"。石刻上书"弹琴峡五贵头"六字，每字有半米乘半米大，左下虽有题款"邑人王福照书"，然而至今也无人知道这位王福照是何方神圣，又于何年何日在此处题字。

照片的左侧，可见铁轨路基和隧道，隧道口上方有关冕钧题写的"五桂头山洞"横匾，匾上的"洞"字和照片标题所用的"峒"字有异，洞口是隧道的南口。该隧道是当年京张铁路线上开凿的四条大隧道之一。

如今，这条隧道已遭废弃，不仅铁轨早已不在，连路基也没有了。

附图四中，可见立在路基右侧的两块水泥路碑，上面一黑一白的两方标记是苏州码子，读作"三十三"。

照片里的很多景物，在今天的五桂头已经看不到了，唯有通过詹天佑给我们留下的这幅画质极高的照片才能追忆。

■ 56. 五桂头山峒北口34号桥适过火车景

照片右下角所印标题为"五桂头山峒北口34号桥适过火车景"。题图是照片标题的截图，"桥"字上方的苏州码子读作"三十四号"。

照片标题的意思是火车正从桥上通过。但在照片里，火车烟筒排出的烟和排气管排出的气都是直上直下的，若火车正在开行，烟和气理应向后倒。因此，火车是专门为拍照而停在桥上的。隧道口的正上方有关冕钧书写的横匾"五桂头山洞"，匾上的"洞"字，和照片标题所用的"峒"字有异。

五桂頭山峒北口跨橋過火車景

■ 57. 石佛寺山峒南口35号桥

　　照片右下角印有标题"石佛寺山峒南口35号桥"。题图是照片标题的截图，"桥"字上方的苏州码子读作"三十五号"。

　　照片为当年京张铁路线上四条大隧道之一的石佛寺隧道的南口及南口外的35号桥。隧道口正立面上有关冕钧题写的横匾"石佛寺山洞"，匾上的"洞"字，和照片标题所用的"峒"字有异。

　　照片中，我们熟悉的手压轧道车停在桥拱以北，3名工人站在车下看着镜头，背景中还可以看见长城。

石佛寺山峒北口

■ 58. 石佛寺山峒北口

照片右下角印有标题"石佛寺山峒北口"。

照片中，隧道口上方的横匾题为"石佛寺山洞"，匾上的"洞"字，和照片标题所用的"峒"字有异。

附图为照片中洞口处的局部放大。大家熟悉的手压轧道车上，一眼可见装相机的牛皮箱。一名铁路员司坐在皮箱一边的车栏上，两名工人各站在两侧的地上，几人一起看着镜头。照片中，远处背景的山巅上可见长城。

■ 59. 由小八达岭保险道岔遥望景

照片右下角印有标题"由小八达岭保险道岔遥望景"。

照片展示了京张铁路线上，由詹天佑主持修造的一处铁路道岔的全景。"保险道岔"是詹天佑在京张铁路设计中留下的神来之笔。在整条京张铁路中，最难的一段就是关沟段，可谓"步步爬坡"，而火车恰恰最怕的就是"爬长坡"。京张铁路过了南口车站再往前走，就进入关沟段。出了石佛寺隧道北口，就是照片中的这一段铁路了。这里有一大段长距离的坡道，还要拐个大弯，若这时列车爬不上去往回倒了怎么办？保险道岔就是为了解决这一问题而设计的，有了它，火车就可以退进道岔（附图），获得势能，之后再从道岔开出来，便可一冲而上，到达青龙桥车站了。

图中还可以看到沿山脊越爬越高的长城。

由小八達嶺保險道分岔遙望景

■ 60. 石佛寺山峒北36号斜桥

照片右下角印有标题"石佛寺山峒北36号斜桥"。题图是照片标题的截图，"斜"字上方是苏州码子，读作"三十六号"。

那辆大家熟悉的手压轧道车正停在左数第三个桥洞上。照片里看不见谭景棠。

附图一中，一名戴着眼镜和旅行帽的铁路员司坐在轧道车的车栏上，工人们站在车下，几个人一起看着镜头。

附图二是桥身的局部放大，细看可发现桥身左高右低，呈一斜坡，故名"斜桥"。

石佛寺山峒北背斜橋

■ 61. 六郎影37号桥

照片右下角印有标题"六郎影37号桥"。题图是照片标题的截图，"桥"字上方的苏州码子读作"三十七号"。

"六郎影"是一个具体的地名，是著名的"关沟72景"中的一景，位于今北京市延庆区，和昌平区接壤，离著名的青龙桥车站不远。在一个小山包的侧坡上，乱石中有一块光滑的巨石，上雕一盘膝而坐的浮雕人像，这就是六郎影摩崖造像。而37号桥，就建在这座造像旁。

附图一中，大家熟悉的手压轧道车正停在单拱桥的桥拱上，谭景棠没有坐在车上。两位戴旅行帽和眼镜的铁路员司坐在两侧的车栏上，一名工人手扶车栏站在车下，几人一起看着镜头。

附图二中，桥身上，是英美烟公司张贴的呼吁消费者不要买假烟的海报，可见"英美烟公司启""声明假冒""假烟望弗购吸""假品"等字样与图画。这么看来，打假活动早在清宣统元年（1909）的京张铁路上就已存在了。

青龍橋村首泄橋

62. 青龙桥村首38号桥

青龙桥

照片右下角印有标题"青龙桥村首38号桥"。题图是照片标题的截图，"桥"字上方的苏州码子读作"三十八号"。

大家熟悉的手压轧道车正停在单拱桥的桥拱上，工人们分站于车两端，他们一起看着镜头，其中两人一前一后扶着车栏。

青龙桥村今已不在原址，20世纪60年代已迁离，这座桥的位置在当时青龙桥村的村头附近。

■ 63. 青龙桥车站

照片右下角没有印标题。

青龙桥车站站房站匾的最左侧是竖写的汉字小字"关冕钧书"及两方印章，最右侧是"光绪戊申秋季"。匾上的中文和威妥玛拼音皆横写，各占一行。

照片中，青龙桥车站第一任站长率全站员工站在崭新的站房前，门廊左、右两侧分别有供男女乘客候车时歇息用的两条长凳。

■ 64. 青龙桥停车场由西南遥望景

照片拍摄于清宣统元年（1909）初，右下角印有标题"青龙桥停车场由西南遥望景"。

这是一幅记录青龙桥车站站舍刚刚建成，扫尾工程尚未完工时样貌的纪实照片。

附图一中，浅色房顶的是刚刚启用的站舍。右侧建筑是主站舍，左侧较小的建筑为贵宾室。这幅照片里的青龙桥车站的站舍，是京张铁路干线所有车站中，至今唯一一座仍在运行使用的，已有110余年的历史。它的贵宾室，也是京张铁路全线唯一一座至今仍在使用的贵宾室。

中国北方的建筑工匠们有一句话："没有瓦匠尿不成四合套。"这句话的意思是，在建筑房屋的过程中，工匠们会在建筑上小便。细看附图一贵宾室的墙角处，一名工人正在方便。这一细节为本幅照片的纪实性提供了注释，也体现了照片的高清晰度。

附图二中，山脚下，工匠们正在被铁路与车站工程切断的长城断开处修筑高大的石砌护坡。古往今来，凡长城断开之处，无不发生过重要的历史事件。笔者曾在此遇到过登城者，听他们诉说那份吊古叹今的感受。前景中可见一座人行便桥，桥的栏杆是铁质的。在110余年后的今天，这座便桥仍在。今天，参观或游览青龙桥车站的人，若有幸能遇到杨存信站长，他一定会为你讲解这座小桥的历史的。

■ 65. 青龙桥停车场39号桥由西首正视全景

照片右下角印有标题"青龙桥停车场39号桥由西首正视全景"。题图是照片标题的截图，"桥"字上方的苏州码子读作"三十九号"。这幅全景照片是清宣统元年（1909）9月，青龙桥车站彻底完工后从车站西侧进站口拍摄的。

39号桥的桥面和左、右两侧各有一座人行便桥，桥的栏杆是铁质的。左侧长城的断开处还有高大坚固的石砌护坡，桥面南、北两侧的站台间筑有由3条轨道组成的列车停车场。照片中还可见主站舍和贵宾室，以及站区最东端的上水塔。

附图一中，铁路桥南侧的人行便桥上，桥栏杆前圆头碑上黑底白字的苏州码子为"39"，右下角还有搬动岔道用的岔道机。

附图二中，桥北侧的人行便桥今已不在。1922年4月23日，詹天佑铜像及碑亭落成典礼在青龙桥车站举行，这个位置成了一个小的广场。

■ 66. 青龙桥停车场由东首正视全景

　　照片拍摄于青龙桥车站全部工程完工后，左下角印有标题"青龙桥停车场由东首正视全景"。

　　拍摄这幅照片时，机器架设在车站最东边的山坡上。照片中，可以清晰地看到南、北站台和由3条铁轨组成的列车停车场，以及东、西两组岔道。这张照片也是车站初建时比较完整记录全站设施的一幅全景照片。

青龍橋車站上水塔

■ 67. 青龙桥车站上水塔

照片拍摄于青龙桥车站全部工程完工后，右下角印有标题"青龙桥车站上水塔"。

照片中的主体建筑上水塔是蒸汽机车时代重要车站必配的，用途是为火车头的锅炉加水。附图中的人是谭景棠，他的怀里正抱着一个用于钩扯水管的铁钩。

青龙桥车站的泉水水质极佳，凡列车经停，司乘人员一定会用大水壶装水带回，110余年后的今天依然如此。

■ 68. 青龙桥车站西上下火车同时开行由南望景

照片拍摄于清宣统元年（1909）10月，左侧印有标题"青龙桥车站西上下火车同时开行由南望景"。

这幅照片是当时拍摄的所有京张铁路的照片中名气最大的一幅。

附图中，靠下的列车正在上坡，车头把列车推向青龙桥车站。靠上的列车也正在爬坡，车头把列车拉出青龙桥车站，向康庄方向驶去。从中可以清晰直观地凸显"人"字铁路（或称"'入'字形铁路""'丫'字形铁路"）的妙用。细看还可以发现，画面中的两个火车头每侧均有2个汽缸、6个驱动轮，这说明这是当时全世界马力最大的马力机车。两列火车都是客货混编的，即便是在已经满载货物的货车车厢上，依然能看到人们活动的身影。

这幅照片在拍摄不久后还成为民国时期交通银行发行的货币上的图案。

青龍橋車站西上下火車同時開行由南望景

八達嶺山峒南口外州号橋

69. 八达岭山峒南口外40号桥

照片拍摄于清宣统元年（1909）9月，右下角印有标题"八达岭山峒南口外40号桥"。题图为标题的截图，"桥"字上方的苏州码子读作"四十号"。

这座桥位于八达岭山洞南口外。拍摄时，桥下正有9匹驮着货物的骡马以及3名赶牲口的人。画面中还可见到5条电线横挂在空中。

大家熟悉的轧道车上，看不到谭景棠。车栏上坐着的是一位挺胸昂首的铁路员司，他正对镜头，3名操纵车辆的工人站在他身后。

■ 70. 八达岭山峒南口

　　照片右下角印有标题"八达岭山峒南口"。

　　这座山洞是八达岭隧道的南口。八达岭隧道是京张铁路通车时，四大隧道中最长的一条，全长1092米。洞口上方的横匾上，是关冕钧题写的"八达岭山洞"几个大字，匾上的"洞"字，和照片标题所用的"峒"字有异。

■ 71. 八达岭岫井通风楼

　　照片右下角印有标题"八达岭岫井通风楼"。

　　八达岭隧道开挖时，为加快挖掘进度，詹天佑先从山上开挖岫井到达隧道位置，之后在岫井中同时向隧道两侧开凿，这样一个岫井可增加两个隧道挖掘的工作面。隧道开挖完成后，詹天佑便把隧道中部的岫井改造成为隧道的通风道，在开口处加建照片中的这种圆柱形带顶建筑，名为"岫井通风楼"。这幅照片拍摄的机位是通风楼的东面，背向长城。在当时，这一位置已是人们所说的"塞外"。

八達嶺峒井通風樓由西遙望全景

■ 72. 八达岭峒井通风楼由西遥望全景

照片右下角印有标题"八达岭峒井通风楼由西遥望全景"。

这幅照片拍摄的机位在通风楼的西面,背景是长城。画面的主体依旧是隧道峒井的通风楼,画面中可见长城的城门和城门外的古道。

■ 73. 八达岭山峒北口

照片右下角印有标题"八达岭山峒北口"。

照片画面的主体是京张铁路八达岭隧道的北口，上方是关冕钧题写的横匾"八达岭山洞"，匾上的"洞"字，和照片标题所用的"峒"字有异。

照片右侧，穿浅色裤子的撮（摄）影大跟班谭景棠一只手插在裤袋里，潇洒地看着镜头。

八達嶺山洞

八達嶺山洞北口

■ 74. 八达岭山峒北41号桥

　　照片右下角印有标题"八达岭山峒北41号桥"。题图是照片标题的截图，"桥"字上方的苏州码子读作"四十一号"。

　　照片中的桥梁位于八达岭隧道北口外。附图一中，这座桥的圆头标碑上黑底白字的苏州码子读作"四十一"。

　　轧道车上，撮（摄）影大跟班谭景棠坐在右边的车栏上，左位空着，因为地位尊贵的乘车人此时下车了——他正站在桥右侧，手拄西式文明棍。此人是詹天佑的得力副手，也是京张铁路上的大人物。附图二是照片8的截图，此君（左）贴身站在詹天佑（右）身边。轧道车的后方坐着一位戴瓜皮帽的人，此人是詹天佑的茶水大跟班。因为自己的得力副手参与此行，所以詹天佑安排自己的茶水大跟班随行伺候。茶水跟班身边的箱子，即出行专用的旅行茶具箱，箱内除装有高端茶叶和饮茶用具外，还有装有泉水的水罐以及烧开水用的酒精炉。

　　在《京张路工撮影》的所有照片中，凡有骆驼出现，一定是皮包骨头的，它们的驼峰都瘪瘪的。这幅照片中桥下的两头骆驼也不例外。

八達嶺山峒北刈撟橋

■ 75. 岔道城南42号桥

照片右下角印有标题"岔道城南42号桥"。题图是照片标题的截图，"桥"字上方的苏州码子读作"四十二号"。

照片中，谭景棠悠闲地坐在车栏上，潇洒地看着镜头，几名操车的工人也都看着镜头。我们还能看见轧道车后的古老城墙，那就是著名的"关沟72景"中曾经颇有名气的"关沟岔道城"。该城今属北京市延庆区管辖，始建于明嘉靖三十年（1551），依山而建，面积近8万平方米。城设三门：北门为假门；东门有署"万历年吉日"的横匾，上书"岔东雄关"；西门亦有署"万历年吉日"的横匾，上书"岔西雄关"。城墙高达8.5米，由石灰和夯土筑成，外包石条、城砖，城上有垛口、望口。京张铁路从城南经过，42号桥正好建在城南。另可见电线杆子以及与铁路平行的电话线，此时虽是衰败的大清帝国末期，人们追赶世界先进技术的脚步却没有停下。

茶水跟班在大清的官员身边是一种必不可少的标配"下人"，其穿戴多为一身大褂，詹天佑手下的茶水大跟班却穿戴得精明干练。照片中，他单独站在桥头看着镜头，身后可见岔道城的城墙。

■ 76. 岔道城西43号桥

照片右下角印有标题"岔道城西43号桥"。题图是照片标题的截图，"桥"字上方的苏州码子读作"四十三号"。照片中可以清晰地看到"43号桥"就在岔道城外。

照片中，双手插在裤兜里的撮（摄）影大跟班谭景棠和光着头的茶水大跟班两人都潇洒地看着镜头。他们一起站在43号桥的桥头，身后是岔道城高大的西城墙，城墙与铁路之间可见电线杆子。这种把高大古老的城墙、新修的铁路与其旁边的电线杆子纳入同一个画面的构图，在当时的中国，可谓匠心独运。读者诸君若看过1939年孙明经在对古老的茶马贾道的纪实摄影考察中留下的影像记录，不难发现詹天佑的这一匠心给予孙明经纪实摄影的影响。

■ 77. 龙潭沟44号桥

照片右下角印有标题"龙潭沟44号桥"。题图是照片标题的截图，"桥"字上方的苏州码子读作"四十四号"。照片中，可以看见桥的一侧立着电线杆子。

坐在轧道车车栏左边的是撮（摄）影大跟班谭景棠，车上还有4名操车工人，他们都很潇洒地看着镜头。

■ 78. 西拨子45号桥

照片右下角印有标题"西拨子45号桥"。题图是照片标题的截图，"桥"字上方的苏州码子读作"四十五号"。

附图一是立在右边桥头的圆头桥标碑，碑上黑底白字的苏州码子读作"四十五"。一名光着膀子在此干活的工人正双手扶着碑顶，好奇地望着远方。

这座铁路桥所在的位置在今北京市延庆区八达岭镇内，距京张铁路上的西拨子车站不远。拍此照时，桥下正有几头驮着货物的驴子。

轧道车正停在靠近左边桥头的位置，谭景棠悠闲地坐在车栏上，潇洒地看着镜头。两名操车工人站在车上手扶压柄，也在看着镜头。

■ 79. 西拨子车站碴场道岔

照片右下角印有标题"西拨子车站碴场道岔"。

西拨子车站今位于北京市延庆区中心向南11千米附近。当时，这里不仅有西拨子车站，还有一处生产道碴的碴场。当时被詹天佑叫作"碴"的东西，是指修建铁路时大量使用的材料，即开采下来的由人工破碎成稍小于拳头大小的碎石。筑路时一般将其铺在路基上、铁轨枕木下，今天称之为"砟"。车站轨道的出口处，就是拐进碴场的岔道口。

照片中，空无一人的轧道车停在向左弯去的岔道上。铁轨右边的设备是用来对岔道进行各种操作的，穿浅色裤子的谭景棠就站在那里。

■ 80. 西拨子车站

　　照片拍摄于清宣统元年（1909）深秋，右下角印有标题"西拨子车站"。

　　京张铁路通车后，为满足沿线未设车站地方的需求，铁路局决定增设东园、居庸关、三堡、西拨子这几个新站。这幅照片拍摄时，车站的站舍尚未开始修建，工人们正在修造站台，照片里的正是当时的工地。那时，正是所谓"二八月乱穿衣"的时节。工人有光膀子的，也有穿棉袄的。远景中的玉米田里，玉米已经成熟，因此推测照片的拍摄时间应该正值延庆地区的公历10月。

　　照片中可以看到正在修造的站台和穿着不同厚度衣服的工人，还可以看到一座深色的样式别致的美式活动工房。

■ 81. 小红山沟46号桥

照片右下角印有标题"小红山沟46号桥"。题图是照片标题的截图，"桥"字上方的苏州码子读作"四十六号"。这座桥的位置在今天康庄镇的不远处。

照片记录的是官员视察铁路设施的场景，桥下的12名工人有的正在歇息，有的正在干活。

桥的左侧，詹天佑的副手坐在轧道车车栏的左位上看着镜头，车上的3名工人也在看着镜头，车上可见旅行茶具箱。

桥的右侧，一位戴眼镜的官员端坐在车栏上，用审视的目光远远地看着镜头。车上车下的4名工人，也一起看着镜头。

小紅山溝特橋

■ 82. 炮上河47号桥

　　照片拍摄于1909年，右下角印有标题"炮上河47号桥"。题图是照片标题的截图，"桥"字上方的苏州码子读作"四十七号"。

　　附图是47号桥的圆头桥标碑，立在桥首左侧，碑上黑底白字的苏州码子读作"四十七"。

　　炮上河因流经炮上村而得名，炮上村今名"里炮村"，在八达岭镇与康庄镇之间。

■ 83. 炮上河48号桥

　　照片右下角印有标题"炮上河48号桥"。题图是照片标题的截图，"桥"字上方的苏州码子读作"四十八号"。

■ 84. 炮上河49号桥

　　照片右下角印有标题"炮上河49号桥"。题图是照片标题的截图，"桥"字上方的苏州码子读作"四十九号"。

■ 85. 康庄车站

照片上没有印标题。

照片中最显眼的位置上，有一块横匾，匾上中间位置用大字横写着"康庄车站"，下面还有一行威妥玛拼音"KANGCHUANG"，横匾最左侧用小字竖写着"关冕钧书"，最右侧为"光绪戊申秋季"。

康庄车站在京张铁路全线中的地位十分重要，詹天佑专门为关沟段重金购买的超重大火车头马力机车的活动范围就是从南口开始到康庄结束。说起来也是有趣，之所以它不能推广至全线使用，是因为这种车头太重、太大，过了南口以南及康庄以北，铁路桥就会被压坏。这座车站里不仅有高大的机车车房，还有为机车上水的上水塔。照片里，车站站舍的门廊内，左、右两侧皆有供乘客候车时歇息用的大长条凳。

这幅照片里仅有房舍，一个人也没有出现。

康莊火車房上水塔

■ 86. 康庄火车房上水塔

照片右下角印有标题"康庄火车房上水塔"。

标题中的"火车房",现在称为"机车库"。京张铁路通车时,只有很大的车站才会配置。

照片中的这两座建筑,今天依旧在原处,只是已经荒废多年。照片的正中位置,可见一个火车头正停在上水塔下上水。照片的最右侧,一群工人正在用大石块砌筑石墙。

■ 87. 康庄停车场由东望景

照片左下角印有标题"康庄停车场由东望景"。

这是一幅视野开阔的全景照片，不仅包括了车站的全景，也包括了车站东边上水塔、机车房等一系列设施，可见当年京张铁路初成之时设施的齐全。

附图一中，可见康庄车站的站舍、站台和两座站台之间由3条轨道组成的列车停车场，以及多处道岔。

附图二大家熟悉的轧道车上，两名工人各坐于车栏一边，正在闲聊。车上不见摄（摄）影大跟班谭景棠。

■ 88. 康庄货栈房停车场

照片右下角印有标题"康庄货栈房停车场"。

这幅照片中的信息告诉我们，当时的京张铁路可绝不仅仅只是一条铁路。放大后的照片，诸多细节让人惊叹。细看照片，从站台边上到最远处的货栈，停车场上的轨道一共有7条之多。

附图一中，停车场轨道边，一整面墙上有6个大大的黑色汉字"积成公司康栈"。

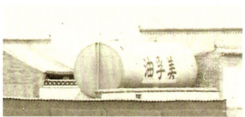

附图二则是照片右侧一处小局部的放大，可见最远处的铁路道岔终端有巨大的白色储油罐，罐上有3个黑色的汉字"美孚油"。美孚公司建于1882年，1999年与埃克森石油合并，合并后的埃克森美孚公司是世界上最大的私营油气生产商与经营商，2020年5月，埃克森美孚公司名列当年福布斯全球企业2000强榜第13位，《财富》杂志美国500强排行榜第3位。110多年前，京张铁路的康庄站就设有存放其巨大储油罐的货栈，可见其实力。

京张铁路才刚刚全线通车，铁路沿线活跃的国内、国际贸易已然兴起。

康莊停車場　貨棧房

■ 89. 大王庄前轨旁卸水沟景

　　照片右下角印有标题"大王庄前轨旁卸水沟景"。

　　大王庄今属延庆区，因庄西有广袤的草地，又名"庄西草原"。清军入关以后，京畿八旗贵族子弟多结伴到此奔马为嬉或习操马术，故渐渐小有名气。因这一带地下多泉，不适于农事，故有放牧牛羊马匹的人在此定居，以牧为业。

　　也正是因为地下多泉，詹天佑修筑京张铁路大王庄段时遇到的最大难处就是水患。一般人看这段路不觉有何险难，但当时为解决水患，工程师们着实颇费心思。最后，用在路基两侧深挖宽大卸水沟渠大量泄水，并在路基上多铺道碴的办法才使难题得以解决。因此，这一段路基的土石方工程量大大超出其他路段。拍摄《京张路工撮影》的照片时，詹天佑特地安排拍摄了这幅照片，以突出卸水沟渠对于京张铁路的贡献，标题就命名为"大王庄前轨旁卸水沟景"。今天，当我们阅读这幅照片时，千万不要忽略和辜负詹天佑拍摄这幅照片的用心，还有工程师和筑路工匠们修建这两条宽大的排水沟渠的辛劳。

　　孙明经老师在讲解这幅照片时，除上述内容外，还特地对照片中的那一排高高的电线杆子做了强调："这排电线杆子在清代末期的中华大地出现，让我们看到了现代化的晨曦在我国的初露。"

■ 90. 石桥子村后52号桥

照片右下角印有标题"石桥子村后52号桥"。题图是照片标题的截图，"桥"字上方的苏州码子读作"五十二号"。

无论是在桥上还是在桥头，我们都没有看到那辆熟悉的轧道车和车上的人员。

■ 91. 南禾硕营55号桥

照片右下角印有标题"南禾硕营55号桥"。题图是照片标题的截图,"桥"字上方的苏州码子读作"五十五号"。

桥上可见轧道车,车栏上端坐着一位铁路官员,正架子十足地看着镜头,4名操车的工人2名站在车上,2名站在桥上,也看着镜头。

■ 92. 怀来河56号桥由东首北面侧望景

照片右下角印有标题"怀来河56号桥由东首北面侧望景"。题图是照片标题的截图，"桥"字上方的苏州码子读作"五十六号"。

照片中可见，该桥为七孔桥。京张铁路全线通车时，共有桥梁123座，此桥总长213.36米，为第一长桥。1927年，河道变迁，此桥改为五孔，长度缩短至152.4米。1954年至1955年期间，该桥停止使用。

附图是照片左侧局部的放大，最左侧可见圆头桥标碑上黑底白字的苏州码子"五十六"。轧道车停在左首桥头，第二辆车上放着供大人物饮茶用的旅行茶具箱，车上车下却看不到"大人物"，也看不到大家熟悉的撮（摄）影大跟班。7名操车的工人，或在车上或在车下，都随意地望着镜头。

照片中还可见钢架桥左首第二孔上正停着一辆摩格尔机车。这是"大人物"为使照片看起来能更壮观所特意做的安排。

懷來河紅橋橋由東首北面側望景